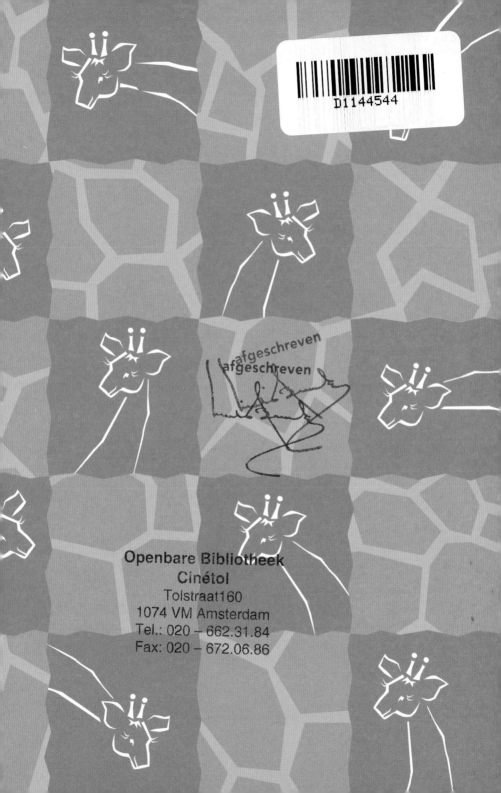

De DINKies:

Dolfijn aangespoeld!

dieren | redden

Toegekend door Cito i.s.m. KPC Groep

© 2011 Educatieve uitgeverij Maretak, Postbus 80, 9400 AB Assen
© Tekst: Lida Dijkstra

Tekst: Lida Dijkstra
Illustraties: Els Vermeltfoort
Vormgeving: Heleen van Keulen
DTP Gerard de Groot
ISBN 978-90-437-0378-9
NUR 140/282
AVI-E4

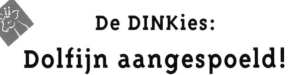

De DINKies:
Dolfijn aangespoeld!

Lida Dijkstra
illustraties: Els Vermeltfoort

educatieve

uitgeverij

Maretak

1 Bloed op zijn staart

'Ik heb zand tussen mijn kiezen. En in mijn
ogen', puft Lies. 'En de zee stinkt.'
Dat vindt Noor niet.
Haar wangen zijn rood.
'De zee ruikt fris', zegt ze. 'En ik vind het strand
leuk.'
Ze gooit haar hoofd in haar nek.
Haar haar wappert in de wind.
'Kijk, een roze schelp.'
Ze bukt en raapt hem op.
Lies snuit haar neus.
In een papieren doekje.
Dat laat ze los in de wind.
Het vliegt hoog de lucht in.
'Wat doe je nou?', zegt Noor. 'Troep hoort in de
afvalbak. Je smijt toch geen rommel op het
strand?'
'Je lijkt mijn moeder wel', zegt Lies boos.
Noor zucht.
Wat mist ze Sven.
Ze zijn met de hele klas op Ameland.
Dit is de tweede dag van hun schoolreis.

Gisteren zijn ze aangekomen.

Met de boot.

Maar Sven kon niet mee.

Hij brak zijn been.

Tijdens het voetballen.

En nu zit hij in het gips.

Noor baalt als een stekker.

Normaal trekt ze altijd met Sven op.

Hij is haar beste vriend.

En nu is hij er niet.

Ze mist hem heel erg.

'Jongens, loop eens door', roept juf Punk.

Noor en Lies hollen achter hun groep aan.

Vandaag zijn ze vroeg opgestaan.

De zon laat zich niet zien.

Er is geen mens op het strand.

Alleen groep vier en juf Punk.

En een paar ouders.

'Windkracht zeven!', roept juf.

Ze zwaait met haar armen.

Haar jas staat bol.

Haar groene haar staat rechtop.

'Kijk die zee eens. Wat een schuimkoppen!

Trouwens, ik moet nog wat vertellen. We gaan vanmiddag iets heel leuks doen!'

'Wat dan, juf?', roept Kiet Le.

'Gaan we naar de vuurtoren?', vraagt Ien.

'Nee', zegt juf Punk. 'We gaan korren!'
Iedereen kijkt haar nieuwsgierig aan.
Wat zou korren zijn?
'Ik weet wat dat is!', roept Jos. 'Keihard scheuren
in een korkar!'
Juf moet hard lachen.
'Je ziet het vanzelf', zegt ze.
Jan gaat tegen de wind in leunen.
Hij hangt heel schuin.

De anderen doen hem na.
Karl laat zich in het zand vallen.
Op zijn rug.
Hij beweegt zijn armen en benen.
Er ontstaat een mooie afdruk.
'Een zandengel', lacht juf Punk. Dat past echt bij
je, Karl. Je bent altijd zo'n engel.'
Jos brult: 'Dus niet!'
'Wat is dat?', zegt Noor opeens
Ze wijst met haar vinger.
'Waar?'
Lies veegt wat haar uit haar ogen.
'Daar bij die paal', zegt Noor. 'Die paal met
die rode kop. Daar ligt iets.'
Ze spurt al weg.
Ze roept: 'Misschien is er een schip vergaan.
En een kist goud aangespoeld.'
'Ja, vast', zegt Lies.

Zij rent achter Noor aan.
Voordat ze er zijn, zien ze het al.
'Een dolfijn', hijgt Noor.
Ze staat meteen stil.
'Niet meer rennen. Dan schrikt hij.'
'Is hij dood?', vraagt Lies.
Noor loopt om het dier heen.
De dolfijn is ongeveer een meter lang.
Hij heeft een witte snuit.
En naast zijn blaasgat een witte vlek.
Noor ploft op haar knieën.
'Nee. Zijn ogen zijn open.'
Ze raakt de dolfijn zacht aan.
'Pas op, joh. Straks bijt hij', zegt Lies.

Maar Noor trekt zich er niks van aan.

'Er zit bloed op zijn staart', ziet ze. 'Roep juf Punk.'

Lies rent naar de groep terug.

Ze praat druk en wijst.

Juf Punk kijkt hun kant op.

Ze spreekt de groep toe.

Dan komt iedereen aanlopen.

Jos en Joris rennen voor de groep uit.

Jos gilt: 'Daar heb je Flipper!'

De dolfijn spartelt.

'Hou je toeter', zegt Noor boos. 'Je maakt hem bang.'

Intussen staat de hele groep om de dolfijn heen.

De moeder van Roos slaakt een gilletje.

'Wat moeten we doen?', piept ze. 'De politie bellen? Of een dierenarts? Wat een eng dier.'

Noor kijkt haar kwaad aan.

'Geen paniek', zegt de vader van Bikkel. 'Rustig blijven, allemaal. We lossen dit op.'

Iedereen kijkt hem aan.

Maar hij zegt niks meer.

En hij schuift wat ongelukkig heen en weer.

'Goed', zegt juf Punk. 'Allemaal nadenken, graag. Hoe lossen we dit dan op? Zet die hoofdjes aan het werk, jongens. Elk plan is welkom. Denk, denk, denk!'

2 Echte DINKies

'Zullen we hem weer in zee duwen, juf?'
Dat roept Jos.
Maar Lies zegt: 'Dat doet hem pijn. Hij is
gewond. We moeten bellen voor hulp.'
'En hem nathouden', zegt Noor opeens.
Iedereen kijkt naar haar.
Ze wordt er verlegen van.
'Hoe weet je dat?', vraagt Kim.
'Dat heb ik op tv gezien', zegt Noor.
Juf Punk knikt.
'Dat klinkt wijs', zegt ze. 'Maar wie moet ik
bellen?'
'Dok!', roept Noor.
Juf Punk knikt wild.
'Goed bedacht', zegt ze. 'Dok heeft verstand van
dieren. Hij weet wel wat we moeten doen.'
Alle kinderen kennen Dok.
Hij woont in hun dorp.
In een molen.
Ooit was hij dokter.
Maar nu maakt hij dieren beter.
Juf zoekt Doks nummer in haar mobiel.

'Houden jullie die dolfijn nat, jongens', zegt ze.

Haar telefoon gaat over.

De kinderen kijken elkaar aan.

Nathouden?

Hoe?

Ze hebben geen emmer.

Noor trekt haar rugzak open.

Ze pakt haar flesje fris.

Dat zet ze aan haar mond.

In een paar tellen heeft ze het leeg.

'Zo', zegt ze. 'Nu kan ik ... Boooaaaah!'

Ze laat een harde boer.

De anderen brullen van de lach.

'Geef die boer een stoel', gilt Jos.

Noor slaat de hand voor haar mond.

'Pardon. Foutje', zegt ze.

Ze houdt het lege flesje omhoog.

'Maar nu kan ik water halen.'

Ze rent naar de zee.

Daar laat ze het flesje vollopen.

De andere kinderen doen hetzelfde.

Ze drinken snel hun flesjes leeg.

En vullen ze met zeewater.

Dat gieten ze over de dolfijn.

Die knippert af en toe met zijn ogen.

Verder beweegt hij niet.

'Hou wel zijn blaasgat vrij', zegt Noor.

En ze wijst naar het gat op de kop van het dier.

'Daar ademt hij door.'

Juf heeft Dok inmiddels aan de lijn.

'O, bent u bij Sven?', vraagt ze. 'Ook toevallig.

Hoe gaat het met hem?'

Ze schiet in de lach.

'Dus hij verveelt zich? Nou, we hebben een klusje voor jullie.'

Ze vertelt over de dolfijn.

En ze vraagt wat ze nu moeten doen.

Ze laat het toestel zakken.

'Dok is bij Sven thuis. Ze doen de computer aan.'

Ze duwt de telefoon weer tegen haar oor.

Wel tien keer zegt ze 'oké'.

Dan bedankt ze Dok.

En ze bergt haar mobieltje op.

'Wat moeten we doen?', vraagt Noor.

'Dok en Sven hebben op het internet gezocht. Er is een stichting. Die heet: SOS Dolfijn. Op hun *site* staat wat we moeten doen. Dok gaat hen ook bellen. Zodat ze hulp kunnen sturen. Tot die tijd moeten wij de dolfijn nathouden. En hij moet op een zachte ondergrond liggen.'

'Waarop dan?', vraagt Kim.

'Daar vraag je me wat', zegt juf.

Ze kijkt ongelukkig om zich heen.

Noor trekt haar jas uit.

Ze legt hem in het zand.

'Jullie ook', zegt ze bazig.

'Ja dááág', zegt Jos. 'Dan wordt mijn jas nat. En dan krijg ik het koud.'

'Ben jij nou een DINKie?', zegt Noor bits.

De anderen knikken.
'Natuurlijk ben ik een DINKie', zegt Jos.
De DINKies is hun club.
Heel groep vier is er lid van.
Het betekent: Dieren-In-Nood-Kids.
Ze hebben een keer actie gevoerd.
En zo een kudde damherten gered.
'Een echte DINKie is niet bang voor wat kou',
zegt Noor.
'Ik ben een echte DINKie', zegt Jos.
Vastbesloten trekt hij zijn jas uit.
Hij legt hem naast die van Noor.
Al snel ligt er een stapel jassen op het strand.
Onhandig leggen ze de dolfijn er op.
Jan, Ien, Joris en Roos houden hem nog steeds
nat.
'Wat een toestand', zegt juf Punk.
Ze bijt op haar lip.

3 Tante Jant van Ameland

Er klinkt geblaf.
De dolfijn schrikt.
Hij beweegt onrustig.
'O nee', kreunt juf Punk. 'Een hond. Dat zei Dok
ook nog. Hou honden weg bij het dier.'
'Ik ga er wel heen', zegt Noor.
Ze rent de kant van het geblaf op.
De juf kijkt haar na.
Met haar hand boven haar ogen.
Bij de duinen loopt een oudere vrouw.
Ze heeft een buldog bij zich.
Aan haar schouder hangt een tas.
In haar ene hand draagt ze een emmer.
In haar andere twee stokken.
Nu is Noor bij haar.
Ze praat, knikt en wijst.
De vrouw geeft een bevel aan de hond.
Die gaat braaf op het strand zitten.
Hij blijft zitten.
Ook als de vrouw wegloopt.
De vrouw volgt Noor.
'Juf, dit is mevrouw Oud', zegt Noor.

De vrouw lacht.

'Zeg maar tante Jant, hoor. Dat doen alle eilanders. Iedereen noemt me "tante Jant van Ameland".'

De juf geeft tante Jant een hand.

'Dus u bent hier op schoolreis?', zegt tante Jant. 'En dan vindt u een dolfijn. Wat een avontuur.'

Juf Punk haalt zwakjes haar schouders op.

'Tja, wij maakten een wandeling', zegt ze.

'SOS Dolfijn belde me', zegt tante Jant. 'Ik ben vrijwilliger. Eens kijken bij het dier.'

Ze hurkt naast de dolfijn.

'Ach', zegt ze zacht. 'Zit jij in de puree?'

De dolfijn ademt snel.

'Hij ziet voor het eerst mensen', zegt tante Jant. 'Geen wonder dat hij in paniek is. Het is een witsnuitdolfijn. Een jong dier. Ik schat een maand of acht. Hij is uit koers geraakt. Door de harde wind, denk ik. Zijn staart bloedt nogal. Goed dat jullie hem nathouden. Hij moet naar de opvang.'

Noor giet weer een flesje water leeg over het dier.

Tante Jant reikt haar de emmer aan.

'Hiermee gaat het beter', zegt ze. 'Hou nog even vol. Ik ga de opvang bellen. Om te overleggen wat het beste is. Eén moment.'

Tante Jant loopt naar haar hond.

Met haar mobiel aan haar oor.

Al snel is ze terug.

'De dolfijn wordt opgehaald', zegt ze. 'Zo snel mogelijk.'

'Waar moet hij dan heen?', vraagt juf Punk.

'Naar het midden van ons land', zegt tante Jant.

'Maar eerst gaat hij met mij mee. We doen hem in bad.'

Ze legt de stokken op het strand.

Er zit een soort hangmat tussen.

Van zachte stof.

'Hier tillen we hem in', zegt ze. 'Pas op voor de vinnen. Wie pakt hem vast?'

Noor, Jos en Joris helpen mee.

Heel zacht leggen ze de dolfijn op de hangmat.

Tante Jant doet haar tas open.

Ze haalt er schuimrubber uit.

Dat duwt ze naast de dolfijn.

Noor giet weer wat water over het dier.

'Goed zo', prijst tante Jant haar. 'En nu dragen.

Dat moet lukken. Hij is een kilo of achttien. Niet

schudden. En hou de hangmat niet scheef. Want

hij heeft al genoeg last van stress.'

Jos, Joris, Ien en de vader van Bikkel pakken

allemaal een stok.

De anderen trekken hun jassen weer aan.

Hun vieze, natte jassen.

Tante Jant telt tot drie.

En daar gaat de dolfijn de lucht in.

Het optochtje steekt het strand over.

Tante Jant gaat voorop.

Dan de kinderen en de vader met de dolfijn.

De buldog komt er achteraan.

Hij kwijlt.

En hij kwispelt.

Maar hij blaft niet meer.

Net of hij weet dat dat niet mag.

Ten slotte volgt de rest van de klas.

De wind giert nog steeds om hun oren.

De lucht is nog altijd grijs.

De zon heeft het opgegeven voor vandaag.

Maar daar maken de DINKies zich niet druk om.

Zij moeten een dolfijn redden.

4 Bad in de tuin

In de duinen staat een wit huisje.
Er hangen luiken naast de ramen.
De dakpannen glimmen rood.
Tante Jant houdt het hek open.
'Naar de achtertuin', wijst ze.
Onder een eik staat een oud bad.
'Daar moet hij in', zegt ze. 'Het bad staat altijd
klaar. Tot de rand vol met zeewater. Hier is ook
eens een bruinvis aangespoeld. Die heeft er ook
in gelegen.'
Tante Jant dribbelt rond het bad.
'Hang de hangmat er maar boven, jongens.'
'Pfff, blij dat we er zijn', zucht Joris.
Zijn handen doen zeer van het sjouwen.
'Dat snap ik', zegt tante Jant. 'Maar jullie hebben
het goed gedaan. Zo, ik steun de dolfijn. Juf
Punk, helpt u even mee? Trekt u de stok uit de
hangmat?'
Juf Punk doet haar best.
Ze knijpt haar lippen op elkaar.
De stof van de draagdoek valt in het water.
En rustig zakt de dolfijn omlaag.

'Goed zo', prijst tante Jant.

Het water kleurt rood.

Noor kijkt er bezorgd naar.

'Hij bloedt nog steeds', zegt ze.

'We kunnen nu niks meer doen', zegt tante Jant.

'Alleen wachten. Op de ziekenwagen voor
dolfijnen.'

'Bestaat die dan?', vraagt Noor.

Ze is stomverbaasd.

Tante Jant knikt.

'De opvang heeft er één. Met een bak aan boord.
Daar past de dolfijn in. Ze zouden bellen
wanneer ze op de boot zitten. Het duurt drie uur.
Dan zijn ze hier. Dus we kunnen niet veel doen.
Gaan jullie mee naar binnen? Dan zoeken we
alle bekers bij elkaar. En we maken ranja voor
iedereen. We moeten ook nog een naam
verzinnen voor de dolfijn. Meestal krijgt hij de
naam van zijn vinder. Wie was dat?'

'Noor zag hem het eerst', zegt Lies.

'Is de dolfijn een jongen?', vraagt juf Punk. 'Of
een meisje?'

'Een jongen', zegt tante Jant.

'Dan kan Noor toch niet?', zegt Noor.

Ze grijnst.

'We kunnen hem beter naar de juf vernoemen.'

Juf schudt wild met haar hoofd.

Maar tante Jant kijkt blij.

'O, wat een leuk idee. Hoe heet u, juf?'

Juf wordt zo rood als een biet.

Ze krijgt vlekken in haar nek.

'Eh ... Punigonda', zegt ze heel zacht.

Het is bijna niet te verstaan.

'Hoe?', buldert tante Jant.

Juf schraapt haar keel.

'Punigonda', zegt ze wat luider.

De kinderen hebben pret.

Juf heeft een hekel aan haar naam.

Dat weten ze heel goed.

'Maar we noemen haar juf Punk!', roept Noor.

'Kunnen we de dolfijn niet Punkie noemen?'

'Waarom noemen we hem niet Dinkie?', zegt Ien opeens.

'Wij zijn toch allemaal DINKies?'

'Vet plan!', roept Kiet Le.

En Jos zingt vals: 'Daar heb je Dinkie, Dinkie! Hij is geweldig. Wat een dolfijn. Om trots op te zijn!'

'Ssst', zegt Noor. 'Maak niet zoveel herrie. Dat vindt Dinkie niet fijn.'

'Kom gezellig binnen', beslist tante Jant. 'Dinkie redt zich wel. We gaan die ranja maken. En ik heb nog een volle koektrommel. Maar vertel me eens ... Jullie zijn DINKies? Dat ken ik niet. Wat is een DINKie dan?'

5 Rixt de heks

Ze hebben het heel gezellig.
De moeder van Roos helpt tante Jant.
Ze delen ranja en koekjes rond.
Tante Jant vraagt van alles.
Of ze al eens eerder op het eiland zijn geweest.
En wat ze vinden van Ameland.
'Ik vind de vuurtoren zo mooi', zegt Ien.
'Kunnen we daar niet nog even op?'
'Dat lukt niet meer', zegt juf. 'Dinkie heeft een
boel tijd gekost.'
'Wat jammer', zegt Ien.
Ze knabbelt aan haar koekje als een muisje.
'Zeg, kennen jullie het verhaal van Rixt?', vraagt
tante Jant opeens. 'Van Rixt van het Oerd?'
De kinderen schudden hun hoofd.
'Rixt was een oude heks', begint tante Jant.
'Ze woonde op Ameland.
Heel lang geleden.
Ze had een vervallen hut.
Op de oostpunt van het eiland.
Dat heet het Oerd.
De man van Rixt was dood.

En haar zoon was zeeman.

Hem zag ze nooit meer.

Rixt leefde van haar moestuin.

En van wat de zee gaf.

Want soms spoelde er iets aan.

Tonnen met eten.

Of planken.

Dat kon ze verkopen in het dorp.

Eens had ze een stapel wrakhout geruild.

Voor een oude koe.

Maar Rixt kon amper rondkomen.

Daarom bedacht ze een slecht plan.

Ze wachtte tot de volgende stormnacht.

Toen bond ze een lamp aan de hoorns van haar koe.

Ze joeg het dier het strand over.

Een schip was in nood.

Hij zag het licht.

En dacht dat het een baken was.

Het schip voer naar het licht.

Het verging op de zandbanken.

De volgende dag spoelden er spullen aan.

Rixt krijste van plezier.

Een doos vol schoenen.

Een kist met thee.

Een ton met graan.

Die bracht ze naar haar huisje.

Ze besloot het vaker te doen.
Twee weken later stormde het weer.
Rixt joeg opnieuw de koe over het strand.
Met de lantaarn aan zijn hoorns.
Weer verging een schip door haar.
De derde keer verdronk de bemanning.
Vier mannen spoelden aan.
Het kon Rixt niks schelen.
Ze pakte hun ringen en kettingen af.
En stal hun laarzen.
Maar ze werd gestraft.
Bij het volgende schip dat verging.
Uren had Rixt met haar koe over het strand
gelopen.

Ze kon amper wachten tot het licht was.

Zo benieuwd was ze.

Wat zou er aangespoeld zijn?

De volgende ochtend sloeg ze een doek om.

En ze ging naar zee.

Er lag een man op het strand.

Verder niks.

Rixt ging naar hem toe.

Hij lag met zijn gezicht in het zand.

Ze draaide hem om.

Toen kreeg ze de schok van haar leven.

Het was haar eigen zoon.

Sjoerd.

Rixt viel in één klap dood neer.

Was het van schrik?

Van verdriet?

Niemand weet het.

Maar als het donker is ...

Wanneer het stormt ...

Dan spookt het op het Oerd.

Je kunt Rixt horen.

Boven de wind uit.

Een griezelige stem die jammert.

"Sjoerd! Sjoeoeoeoerd!"'

Tante Jant kijkt de kring rond.

De kinderen zijn doodstil.

Ze bijten op hun lip.

Wat een eng verhaal.

'Is ... is dat echt gebeurd?', vraagt Ien.

'Natuurlijk niet', zegt Karl stoer. 'Het is maar een verhaal.'

'Je weet maar nooit', zegt juf Punk.

Ze knipoogt naar Ien.

Die haalt opgelucht adem.

Juf Punk staat op.

'Dank u, tante Jant', zegt ze. 'Voor dit prachtige verhaal.'

De kinderen klappen.

Tante Jant staat op en buigt.

Net of ze op het toneel staat.

De moeder van Roos ruimt de bekers op.

Ze zet ze op het aanrecht.

'Ik wil naar het Oerd', roept Jos. 'Om spoken te zoeken!'

'Ander keertje', zegt juf Punk droog. 'We hebben al een dolfijn. Ik hoef er niet ook nog een spook bij.'

6 Uit de bocht korren

Alle ranja is op.
En er is geen koekje meer over.
De DINKies nemen afscheid.
'Mag ik u toevoegen op Hyves?', vraagt Noor.
Tante Jant kijkt verward.
'Is dat iets met de computer?', vraagt ze.
'Ja. Dan worden we vrienden', zegt Noor.
'We zijn al vrienden', zegt tante Jant. 'Maar ik zal
uitzoeken hoe dat werkt.'
Juf Punk slaat een arm om Noor heen.
'We moeten nu echt gaan', zegt ze. 'Het korren
begint over een half uur.'
'Ik durf niet te korren', zegt Ien. 'Wat als ik uit
die korkar val?'
'Watje', roept Jos. 'In een korkar scheuren is tof.
Stoer man. Ik kor straks keihard door de bocht!
Wrrroem, wrroem.'
En hij rent de tuin van tante Jant uit, terwijl hij
doet of hij aan een stuur draait.
De juf grijnst.
'Kor maar niet uit de bocht, Jos!', zegt ze. 'We
moeten nog wel een stukje lopen.'

Tante Jant zwaait hen uit.
'Tot later', roept ze.

Ze gaan het strand weer op.
De wind waait minder hard.
Maar de meeuwen hangen nog steeds stil in de lucht.
'We gaan toch wel terug?', zegt Noor. 'Als de ziekenwagen er is? Ik wil zien hoe Dinkie wordt opgehaald.'
Juf knikt.
'Dat snap ik. We doen ons best om op tijd te zijn.
Tante Jant belt me op. Dat heeft ze beloofd. Aha, daar gaan we korren.'
Jos rent voor het groepje uit.
Ze zien een man in de verte.
Naast hem ligt een net op het strand.
De man geeft juf een hand.
'Mijn naam is Stijn', zegt hij.
'Hebt u geen korkar bij u?', vraagt Jos.
Hij kijkt speurend om zich heen.
'Een korkar?', vraagt Stijn. 'Nooit van gehoord.
We gaan met een net korren. Ik leg het even uit.'
En Stijn vertelt hoe ze visjes gaan vangen.
Daarna waadt hij het water in.
Hij legt het net in zee.
Er hangt een lang touw aan.

Stijn loopt terug naar de kinderen.
'Vijf van jullie mogen het net voortslepen. Dus
aan het lange touw trekken. Wie wil?'
Alle vingers schieten de lucht in.
De juf wijst Bikkel, Roos, Kiet Le, Ien en Twan
aan.
Ze pakken het lange touw vast.
En ze lopen over het strand.
Het net komt niet naar hen toe.

Het blijft op een afstandje in zee.

'Dat komt omdat die plank er aan zit', vertelt Stijn. 'Dat heet een scheerbord. Het net trekt over de bodem. Het zand wordt omgewoeld. Kleine visjes en diertjes schrikken. En ze zwemmen het net in. Straks gaan we ze bekijken.'

'Mogen wij ook trekken?', zegt Dré verlangend.

'Straks mag een ander groepje', belooft Stijn.

'Jullie komen allemaal aan de beurt.'

Na een kwartier is iedereen geweest.

'Het net voelt zwaar', roept Jos.

'Dan gaan we kijken', zegt Stijn.

Hij vult een bak met water.

Hij neemt het touw over.

En trekt de kor naar het strand.

Er zit inderdaad van alles in.

De kinderen drommen samen rond de gele bak.

Stijn houdt het net op de kop.

Een paar platvisjes vallen in de bak.

En een puntig visje.

Stijn pakt hem op.

'Dat is een zandspiering', zegt hij.

'En die?', wijst Noor.

'Garnalen', zegt Stijn.

'Ieuw', zegt Lies.

Ze trekt haar neus op.

'Hebben garnalen van die poten? Dat wist ik
niet.'
'Jij kent ze zeker alleen van op je bordje. Met een
blaadje sla', lacht de vader van Bikkel.
'Nou lust ik ze niet meer', zegt Lies beslist.
De kinderen bewonderen de beestjes.
Vijf krabben.
Een kleine kwal.
En ook nog een zeester.
Ze vinden het heel bijzonder.

Noor en Jan mogen de beestjes weer vrijlaten.
Ze legen het bakje in zee.
De anderen kijken toe.
'Ik durf nooit meer te pootjebaden', griezelt Lies.
'Stel je voor. Straks bijt zo'n garnaal in mijn
teen.'
'Zo'n garnaal smeert hem meteen. Zodra hij
jouw vieze voeten ziet', zegt Jos.

Lies geeft hem een stomp.

Jos roept: 'Au!'

Maar hij lacht er wel bij.

'Handen thuis, Lies', zegt juf Punk.

Dan gaat haar telefoon.

Juf neemt hem aan.

Ze luistert en zegt: 'We zijn net klaar met korren.

We komen er aan.'

De kinderen snappen het meteen.

Dat was natuurlijk tante Jant.

'De ziekenwagen is er. Ze gaan Dinkie inladen',
zegt juf.

7 Dinkie op de draagbaar

Daar is alweer het huisje van tante Jant.
De ziekenwagen staat bij het hek.
Noor belt Sven.
Ze weet dat hij in een dip zit.
Eerst al omdat hij de schoolreis miste.
En nu omdat hij de dolfijn niet kan zien.
Daarom wil ze hem vertellen wat er gebeurt.
Ze lijkt wel iemand van de tv.
Zo opgewonden ratelt ze.
'Moet je horen, Sven. De ziekenwagen staat
klaar. Met de deuren open. Het is een wit busje.
Er horen een man en een vrouw bij. Ze heten
Moon en Dirk. In het busje is een aanrecht. En
een blauwe bak. Moon heeft een draagbaar. Ze
geven hem aan Kiet Le en Karl. Die houden hem
nu vast. De mensen tillen Dinkie op het doek.'
...
'Ja, Dinkie. Zo heet hij. Lollig hè?'
...
'Dat leg ik je later wel uit. Ze klimmen het busje
in. En ze laten de hangmat in de bak zakken. Nu
zit Dinkie in het busje. De vrouw blijft bij hem.

De man doet de deuren dicht. Juf maakt een filmpje met haar mobiel.'

...

'Ja, dat snap ik best, joh. Ik zou ook balen als ik thuis zat.'

...

'Ja, ik heb hem aangeraakt.'

...

'Nou, gewoon ... Nat en warm. Hij was erg bang. Zeg, ik moet gaan. Dirk praat met de juf en tante Jant.'

...

'Ja, tante Jant van Ameland, haha.'

...

'Leg ik je ook later wel uit. Ik ga even meeluisteren. Nou, doei! Vanavond zijn we weer thuis. Ik kom nog wel even bij je langs. Als het niet te laat wordt. En anders morgen. Ik vraag de juf wel om het filmpje. Kun je die zien. En ik vertel over het korren. Doei doei!'

Noor hangt op en wringt zich tussen de anderen door.

Iedereen staat rond de ziekenwagen.

Juf Punk fluit op haar vingers.

'Hallo, beetje ruimte maken', zegt ze. 'De auto gaat nu naar de boot. En ik heb goed nieuws: Dinkies wond valt mee. Hij bloedt al niet meer.

Het hoeft niet gehecht. Hij gaat nu naar SOS
Dolfijn. Daar gaan ze goed voor hem zorgen. We
mogen af en toe bellen. Hoe het met hem gaat.
Jongens, we nemen afscheid van tante Jant. We
gaan terug naar de kampeerboerderij. Om in te
pakken. De schoolreis zit er bijna op. Onze boot
vertrekt over twee uur. Wil iemand nog iets
vragen?'
Lies steekt haar vinger op.
'Mag ik naar de wc?'
'Ik bedoelde over de dolfijn', zegt juf.
Maar tante Jant staat al te wenken.
'Kom maar snel binnen, meisje. De wc is hier in
de gang.'

'Ik moet ook', zegt Alaa.

'Ik moet ook heel nodig', zegt Roos.

Ze duwt haar knieën tegen elkaar.

In een mum zwermt een hele groep achter tante Jant aan.

'Ik plas wel achter een boom', zegt Jos stoer.

'Ben je mal', schrikt juf. 'Straks ook nog tien Mannekens Pis hier in de tuin. Je sluit maar achteraan.'

Ze schudt haar hoofd.

'Wat is plassen toch besmettelijk', mompelt ze.

8 Bokkepruik

Sven zit op de bank.
Met zijn been op een krukje.
En zijn armen over elkaar.
Hij is boos.
Niet op Noor, die tegenover hem zit.
Die kan het ook niet helpen.
Maar hij is boos op de hele wereld.
De hele klas heeft een avontuur beleefd.
En hij niet.
'Het is zó gemeen', mokt hij. 'Ik heb nog nooit
een dolfijn gezien. Niet in het echt.'
Hij stompt op een kussen.
'Het is niet eerlijk. De DINKies redden een
dolfijn. En ik zit hier thuis met die poot!'
'Ho, ho', zegt Svens moeder.
Ze komt binnen met twee glazen ranja.
En twee plakken koek.
'Dat soort taal wil ik niet horen.'
'Ik heb je toch alles verteld', troost Noor. 'En je
kunt het filmpje van juf Punk zien. Wanneer
mag het gips er af?'
'Pas over een maand', zegt Sven sip.

Hij geeft nog een stomp in het kussen.

'Sven, stop daarmee', zegt zijn moeder.

'Nee', zegt Sven. 'Stom kussen.'

Zijn mond is net een omgekeerd banaantje.

'Ik waarschuw je', zegt zijn moeder. 'Als je zo doorgaat, dan ...'

De bel gaat.

Svens moeder maakt haar zin niet af.

Maar ze kijkt dreigend.

Met grote stappen loopt ze de hal in.

Sven en Noor horen gepraat.

'Kijk eens wie hier is', zegt Svens moeder dan.

'Dok!', roepen Sven en Noor tegelijk.

Dok kijkt hen vriendelijk aan.

'Dag DINKies', zegt hij. 'Wat leuk dat ik jullie samen tref. Hoe gaat het, Sven?'

'Dikke prut', zegt Sven. 'Hebt u gehoord van de redding? En ik zit hier te zitten. Ik haat alles.'

'Je lijkt de moppersmurf wel', grijnst Noor.

'Pas maar op, Dok', zegt Svens moeder. 'Sven heeft de bokkepruik op.'

'Is dat zo?', zegt Dok.

Hij houdt zijn hoofd schuin.

'Nou, zet dan die bokkepruik maar snel af. Want ik heb een verrassing.'

Sven gaat rechtop zitten.

Hij kijkt Noor aan.

Die haalt haar schouders op.

Zij weet ook niet waarover het gaat.

'We gaan op bezoek', zegt Dok. 'Bij Dinkie.'

'Hoezo? Wanneer? Echt?'

Noor en Sven roepen door elkaar.

Sven spert zijn ogen open.

'Maar ik kan nergens heen. Mijn been is stuk',
zegt hij.

'Jij kon niet mee op schoolreis', zegt Dok. 'Het
loopt wat moeilijk op het strand. En het fietst ook
wat naar met een been in het gips. Maar je kunt
best in de auto. Juf heeft gebeld met SOS Dolfijn.
Dinkie is nu nog wat zwak. Maar over twee
weken is hij vast beter. Als alles goed gaat,
natuurlijk. En dan mogen we bij hem op bezoek.
Als jullie ouders het goed vinden.'

'Wij alleen? En de rest van de klas dan?', zegt
Noor.

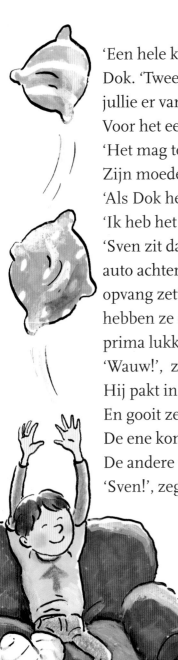

'Een hele klas wordt te druk voor Dinkie', zegt
Dok. 'Twee kinderen, dat mocht. Wat zeggen
jullie er van?'
Voor het eerst die dag kijkt Sven stralend.
'Het mag toch wel, mam?', smeekt hij.
Zijn moeder knikt lachend.
'Als Dok het aandurft ...'
'Ik heb het al helemaal uitgedokterd', zegt hij.
'Sven zit dan nog in het gips. Maar hij kan in de
auto achterin. Met zijn been languit. En in de
opvang zetten we hem in een rolstoel. Die
hebben ze daar. Ik bel eerst wel even op. Het gaat
prima lukken.'
'Wauw!', zucht Sven.
Hij pakt in elke hand een kussen.
En gooit ze hoog in de lucht.
De ene komt neer op de kast.
De andere tegen de tv.
'Sven!', zegt zijn moeder moe.

9 Altijd hullie

Sven en Noor hebben de dagen geteld.
Maar morgen is het zover.
Ze gaan bij Dinkie op bezoek.
De andere kinderen zijn best een beetje jaloers.
Ze praten er over in de kring.
'Waarom hullie nou weer', klaagt Jos.
Juf Punk kijkt streng.
'Omdat Sven niet op schoolreis is geweest en
Noor de dolfijn gevonden heeft.'
'Ik vind het niet eerlijk', zeurt Jos. 'Altijd hullie.
Hullie worden voorgetrokken.'
'Nou, hullie gaan wullie heus alles vertellen', zegt
juf Punk. 'Toch, jongens?'
Sven en Noor beloven het.
Ze zullen de andere DINKies alles vertellen.
Maandag, in de kring.
'En het is trouwens niet *hullie* maar *zij*', zegt
Noor snibbig.

Die nacht kan Noor er bijna niet van slapen.
Zo spannend vindt ze het om Dinkie weer te
zien.

De volgende dag is ze al heel vroeg bij Sven.

Ze hebben beiden een rugzak.

Vol broodjes en drinken.

Noor heeft ook nog een zak drop.

Om acht uur komt Dok aanrijden.

Sven wordt op de achterbank gezet.

Met een kussen in zijn rug.

'Gaat het zo?', vraagt Dok bezorgd.

'Het zit lekker', zegt Sven.

De autorit is heel gezellig.

Ze zien onderweg van alles.

En ze doen spelletjes.

Zoals het dieren-ABC.

Om beurten moeten ze een dier noemen.

Een dier met de goede letter.

De winnaar krijgt een dropje.

Noor mag beginnen.

'Aap.'

'Beer', zegt Sven.

'Chimpansee', zegt Dok.

'Dat is ook een aap', vindt Noor.

Maar Sven rekent het goed.

'Dromedaris.'

Dat was Noor weer.

'Egel', zegt Sven.

'Farken', zegt Dok.

Sven en Noor moeten lachen.

'Ja, haha, lekker fout', zeggen ze. 'Varken is met
een V.'

Dok is af.

Hij krijgt een dropje.

Als troostprijs.

En Sven en Noor krijgen ook een dropje.

Omdat ze gewonnen hebben.

Ze doen hetzelfde spel nog eens.

Maar dan alleen met vogels.

En dan met jongensnamen.

Anton.

Bert.

Cor.

Dirk.

Ed.

Freek.

Sven is heel goed in jongensnamen.

Noor verliest.

Daarom krijgen ze elk weer een dropje.
Intussen begint het te regenen.
De ruitenwissers vliegen heen en weer.
Ze rijden de parkeerplaats op.
Verderop is een hek.
Daarachter ligt het Dolfinarium.
'Ze hebben niet alleen dolfijnen. Maar ook
zeehonden, zeeleeuwen en walrussen', weet
Noor. 'En het opvangcentrum van SOS Dolfijn is
hier ook.'
'Hoe weet je dat allemaal?', vraagt Sven.
'Van internet', zegt ze.
'Dat ga ik ook opzoeken', besluit Sven.

10 We blijven droog

Sven stuitert op de achterbank.
Zo opgewonden is hij.
Het hek gaat voor hen open.
Ze mogen doorrijden.
Ze komen langs een eethuis.
Op het terras staat een ijsje.
Van wel twee meter hoog.
Sven glundert.
Mmmm, daar kan je ijs en patat kopen.
Maar Dok rijdt door.
Hij parkeert de auto.
Vlak bij een open deur.
'Blijf maar even zitten', zegt Dok. 'Tot de bui over
is. Het regent nu wel heel hard.'
'Ja, mijn gips mag niet nat worden', zegt Sven.
'Hebt u geen paraplu?', vraagt Noor.
Ze wil zo graag naar binnen.
Ze popelt om Dinkie te zien.
Dok kijkt naar de lucht.
'We wachten even. Het trekt alweer open. De bui
is zo weg.'
Dok heeft gelijk.

Na een klein poosje is het droog.

Dok en Noor stappen uit.

Dok loopt om de auto heen.

'Zien jullie wel? We blijven droog', zegt hij.

'Wacht maar even, Sven. Ik ga kijken waar die rolstoel is.'

Dok loopt naar de deur.

Een vrouw komt hem al tegemoet.

Ze draagt een zwart pak van rubber.

En ze duwt een rolstoel.

'Hé, dat is Moon', roept Noor. 'Die heeft Dinkie opgehaald op Ameland.'

Moon kent Noor ook nog wel.

Ze geeft Dok en Sven een hand.

Sven vindt haar meteen aardig.

'Hoe gaat het met Dinkie?', vraagt hij.

Hij wordt door Dok in de rolstoel gezet.

Moon duwt hem vooruit.

'Het gaat heel goed met Dinkie', zegt ze. 'Nu wel.
De eerste dagen was hij suf. Hij kon niet meer
zwemmen. Toen hebben we hem vastgehouden.
In het water. Dag en nacht.'

'Moest er dan steeds iemand in het water staan?',
vraagt Noor.

'Jazeker. We hebben gelukkig een boel hulp. Om
beurten hield iemand Dinkie in zijn armen.
Want hij moest nat en koel blijven.'

'Wauw', zegt Sven. 'Dat mensen dat voor een vis
doen.'

'Een dolfijn is geen vis', zegt Noor.

'Klopt', antwoordt Moon. 'Een dolfijn is een
zoogdier. Net als een poes of een hond. Hij krijgt
levende jongen. En die jonkies drinken bij de
moeder.'

'Maar kan hij nu weer zelf zwemmen?', vraagt Noor.

'Heel goed zelfs. De wond op zijn staart is beter.
En hij eet weer visjes. Eerst moesten we hem vispap
voeren.'

'Een dolfijn is heel slim, hè?', zegt Noor.

'Reken maar', zegt Moon. 'Aan Dinkie zie je dat
ook. Hij leert heel snel. Een dolfijn herkent

zichzelf in een spiegel. Verder kunnen alleen
grote apen dat.'
'En mensen', zegt Sven.
'En dolfijnen hebben een taal', zegt Moon.
'Een klik-, fluit- en pieptaal', lacht Noor.
'Daarmee begrijpen ze elkaar heel goed', zegt
Moon. 'En als je ergens naar wijst, snapt een
dolfijn je.'
Ze rijden door een gang.
Overal zijn blauwe tegels.
En dan komen ze in een ronde ruimte.
Heel licht met grote ramen.
In het midden zien ze een zwembad.
'Daar zit Dinkie in', zegt Moon. 'Zullen we eens
kijken of hij thuis is?'

II Toch nat

'Ik zie hem', roept Sven.
Hij wijst naar een vin.
'Ja, daar gaat hij', zegt Moon. 'Even een paar
visjes pakken.'
Ze loopt naar de kant.
En ze pakt een emmer.
Ze neemt er een visje uit.
'Dinkie is dol op sprot', zegt ze.
'Heten die visjes zo?', vraagt Noor.
'Klopt', zegt Moon.
Ze knielt op de badrand.
Handig houdt ze een visje in het water.
Dinkie komt aanzwemmen.
Hij grist het visje uit haar hand.
Sven houdt zijn adem in.
'Dinkies hoofd is wit aan de onderkant', zegt hij.
'Dinkie is een witsnuitdolfijn', zegt Moon. 'Die
soort komt bij ons voor. In de Noordzee. Dit is
nog maar een ukkie. Soms worden ze drie meter
lang. Dinkie heeft ook nog een witte vlek. Zie je?
Boven op zijn hoofd. Daar herken je hem goed
aan. Die hebben andere dolfijnen niet.'

'Mag ik hem ook een sprotje geven?', vraagt
Noor.

'Natuurlijk', zegt Moon.

Noor gaat naast Moon zitten.

Net als Moon houdt ze het visje in het water.

Dinkie komt weer aanzwemmen.

Hij grist het visje uit haar hand.

Noor moet hardop lachen.

'Wil jij ook?', vraagt Dok. 'Dan zetten we je op de
badrand.'

Sven kijkt verlangend.

Dok en Moon tillen hem uit de rolstoel.

Sven zit wat onhandig.

Maar daar trekt hij zich niks van aan.

Hij houdt het visje in het water.

En hup, daar is Dinkie alweer.

Weg is het visje.

Dan gebeurt er iets bijzonders.

Dinkie schiet opeens recht omhoog.

Zo het water uit.

Met een harde plons komt hij weer neer.

Vlak bij Dok en de kinderen.

Het water spat alle kanten op.

Ze worden kletsnat.

Dok kreeg de volle laag.

Het water druipt uit zijn haar.

Even is iedereen stil.

Van schrik.

Dan begint Noor hard te lachen.

'En Dok zei zonet nog ... Haha ... hihi ... We blijven droog', giert ze.

Sven veegt zijn gezicht af.

'Mijn gips is nog droog', zegt hij dankbaar.

'Volgens mij deed Dinkie dat met opzet', lacht Moon.

'Wanneer is hij beter?', vraagt Noor.

'Tja, dat is moeilijk te zeggen. Ik denk over een week of twee. Hij moet vis kunnen vangen. Vis die leeft. Dinkie moet voor zichzelf kunnen zorgen. Dan mag hij weer vrij.'

'Wordt hij in zee losgelaten?', vraagt Noor.

Moon knikt.

Sven kijkt Noor aan.

Noor kijkt Sven aan.

Ze snappen elkaar heel goed.

Noor schraapt haar keel.

'Eh ... Moon', zegt ze. 'Mogen de DINKies daar dan bij zijn? Als Dinkie wordt vrijgelaten?'

'De Dinkies?', vraagt Moon.

Ze houdt haar hoofd wat schuin.

'Zijn er nog meer Dinkies dan dolfijn Dinkie?'

'Alle kinderen in onze klas', legt Noor uit. 'Wij zijn de Dieren-In-Nood-Kids. Wij redden dieren in nood.'

'Een hele klas bij een uitzetting?', zegt Moon. 'Oei. Dat moet ik gaan vragen. Om hoeveel kinderen gaat het?'

'Maar twintig', zegt Noor.

'Dat valt nog wel mee', mompelt Moon. 'Ik zal kijken wat ik doen kan. Jullie horen het nog wel.'

'Nemen jullie afscheid van Dinkie?', zegt Dok.

'We moeten naar huis.'

'Ik heb trek gekregen', zegt Sven.

Dok trekt zijn wenkbrauwen op.

'Je hebt je broodjes toch nog niet op?'

'Ik heb meer trek in patat', zegt Sven.

Dok woelt door Svens haar.

'Boefje', zegt hij. 'Maar weet je ... Ik heb zelf ook wel zin in patat. Met een kroketje. Hoe zit het met jou, Noor?'

'Jèèèèh!', juicht Noor.

12 Tot ziens, Dinkie!

Motorschip De Kruik staat vol.
Overal zie je kinderen.
Op de boeg.
Op het dek.
En in de kajuit bij de kapitein.
Ze dragen allemaal een zwemvest.
Op het dek staat de blauwe bak.
Met Dinkie in de hangmat.
Hij is helemaal beter.
Vanmorgen vroeg is hij in de auto gezet.
En naar Holwerd gereden.
Nu vaart De Kruik naar Ameland.
Voorbij het eiland wordt Dinkie losgelaten.
Moon aait Dinkie.
'Fijn dat hij zo kalm is', zegt ze. 'Luister maar
hoe hij ademt.'
'Goed zo, Dinkie', zegt Noor. 'Nog even
volhouden.'
Ze spuit de dolfijn nat.
Met een plantenspuit.
Sven loopt om de bak heen.
Zijn been zit niet langer in het gips.

'Je gaat terug naar zee, Dinkie', zegt hij. 'Naar al je vriendjes.'

'Hoe ver moeten we nog?', vraagt Jos. 'Ik voel me niet zo lekker. Net of er ballen in mijn buik zitten.'

Noor kijkt hem aan.

Jos ziet bleek.

Groenig zelfs.

Er staat zweet op zijn voorhoofd.

'Ik zou maar overboord gaan hangen', zegt ze.

'Volgens mij ben je zeeziek.'

Jos spert zijn ogen open.

'Zee...?'

Dan rent hij naar de reling.

'Boaah!', klinkt er.

'Wat zijn dat voor geluiden?', vraagt juf Punk.

Ze komt ongerust aanlopen.

Vandaag is haar haar van boven grijs.

En onder wit.

Want dat zijn de kleuren van een witsnuitdolfijn.

'Jos voert de vissen', zegt Kiet Le vrolijk.

'Boffen die even', zegt juf Punk.

Ze trekt haar neus op.

'Moet je een zakdoek?', vraagt ze Jos. 'Of drink wat water.'

Trillerig komt Jos weer overeind.

Hij heeft weer wat kleur, ziet Noor.

Wat zielig maakt hij zijn flesje open.

En hij drinkt een paar slokjes.

'Vooral aan dek blijven', zegt juf Punk. 'In de frisse lucht. En even iets eten. Wat fruit of zo. Dan word je minder snel misselijk.'

De kapitein verschijnt aan dek.

Hij praat met Moon.

'Jongens, mag ik jullie aandacht?', roept Moon dan. 'We zijn op volle zee. Hier wordt Dinkie losgelaten.'

'Mogen Sven en ik het doen?', zegt Noor.

'Hullie weer', mompelt Jos.

'Dat zal wat lastig gaan', zegt Moon. 'Dinkie is zwaar. Ik denk niet dat het jullie zou lukken.'

Sven schudt zijn hoofd.

'Stel je voor dat we hem laten vallen', zegt hij.

Moon loopt naar de bak toe.

Samen met Dirk pakt ze Dinkie vast.

De kinderen kijken toe.

'Maak eens wat ruimte', roept juf Punk.

Moon en Dirk dragen Dinkie voorzichtig naar de reling.

Moon heeft zijn staart.

Dirk steunt de kop.

Nu gaan ze buitenboord hangen.

Ze houden Dinkie boven zee.

Met zijn kop omlaag.

'Tot ziens, Dinkie', zegt Moon. 'Het ga je goed!'
'Niet meer aanspoelen, hoor', zegt Sven. 'We
blijven niet aan de gang.'
Plons!
En weg is de dolfijn.
'Was dat het nou?', zegt Sven wat sip.
'Wat had je dan verwacht?', vraagt Noor. 'Dat
Dinkie naar je zou zwaaien?'
'Kijk daar!', roept Ien opeens.
'Wat, waar? Ik zag niks', roept Roos.
'Dinkie kwam boven', roept Ien.
Opnieuw splijt de zee open.
Dinkie springt meters omhoog.
'Wauw', fluistert Noor. 'Wat mooi.'
'Hij neemt afscheid', zegt Moon zacht.

13 Dolfijn redt bruinvis

Sven en Noor zijn bij Dok.
Ze hebben hem geholpen.
Met het voeren van de vogels.
En Sven mocht een egel vasthouden.
Met handschoenen aan.
Zo kon Dok het diertje een drankje geven.
Nu zitten ze aan de keukentafel.
'Wie wil er een kop anijsmelk?', vraagt Dok.
Dat willen ze beiden wel.
Dok loopt naar de koelkast.
Hij pakt er een pak melk uit.
Ze praten nog wel eens over Dinkie.
Maar niet meer zo vaak.
Er klinkt een plof in de gang.
'Noor, haal jij de krant even?', vraagt Dok.
Hij giet melk in een steelpan.
En hij pakt drie mokken.
Noor loopt naar de gang.
Ze komt terug met de krant.
'Wat voor weer wordt het morgen?', vraagt Dok.
'Ik wil vogels gaan tellen. Maar niet als het
plenst.'

'Op welke bladzijde staat het weer?', vraagt Noor.

Dan slaakt ze een kreet.

'Wat is er?'

Sven komt naast haar staan.

Noor wijst naar een foto in de krant.

Van een strand.

Met een vrouw.

En een buldog.

'Dat is tante Jant', zegt ze.

'Er staat een heel verhaal bij', zegt Sven schor.

Dok kijkt over zijn schouder mee.

Hij leest het artikel voor.

Dolfijn redt bruinvis

Een bruinvis dreigde voor de kust van Ameland te stranden. Maar hij is gered door een dolfijn. De dieren leken met elkaar te 'praten'. Dat vertelde de plaatselijke reddingswerker Jant Oud. Ze is beter bekend als tante Jant van Ameland. Daarna loodste de dolfijn de bruinvis langs de zandbanken naar open zee.

Reddingswerkers waren daarvoor al een uur bezig geweest. Om de bruinvis van het eiland weg te jagen. Maar dat lukte niet. De dolfijn is volgens tante Jant een bekende. 'Hij heet Dinkie. Ik herkende hem aan de witte plek op zijn kop. Dinkie is zelf enige maanden geleden gewond op Ameland aangespoeld. Hij is verzorgd in de dolfijnenopvang. En toen hij beter was is hij met een boot weer uitgezet boven Ameland.'

Dok kijkt de kinderen verbaasd aan.

Dan laat hij zich op zijn stoel zakken.

De melk is hij totaal vergeten.

'Niet te geloven', mompelt hij. 'Een dolfijn die een bruinvis redt.'

'Nou, ik geloof het wel. Want het gaat niet om zomaar een dolfijn. Het gaat om onze Dinkie', zegt Noor.

Ze tilt haar hand op.
Sven geeft er een klap tegen.
'Hoera voor Dinkie!', brult hij.

Vind je het jammer dat dit boek uit is? Lees dan ook het eerste boek
over de DINKies:
De DINKies: Herten in Nood!

De stichting SOS Dolfijn vangt dolfijnen op die hulp nodig hebben.
Als je hier meer over wilt weten, kijk dan eens op www.sosdolfijn.nl